AF125547

NEUE ABENTEUER VON ...

Disney · PIXAR

ALLES STEHT KOPF 2

NEUE ABENTEUER VON …

Disney · PIXAR

ALLES STEHT KOPF 2

SCHRECK IM SOMMERCAMP
ICH KANN NICHT GLAUBEN, DASS HEUTE UNSER LETZTER ABEND IM CAMP IST!

ICH WEISS! ES GING SO SCHNELL VORBEI.
NICHT SCHNELL GENUG!
ACH, KOMM SCHON, ES HAT DOCH SPASS GEMACHT! ICH WÜRDE AUF JEDEN FALL WIEDERKOMMEN.
EINMAL HAT MIR GEREICHT.

DAS CAMP WAR EIN RIESENSPASS!
JETZT MÜSSEN WIR PACKEN UND UNS AUF DIE ABREISE VORBEREITEN. ICH SOLLTE EINE LISTE MACHEN!
ICH HOFFE, MOM VERGISST NICHT, UNS MORGEN ABZUHOLEN.

HEY, MOMENT MAL! IHR DREI SEID ZUM ERSTEN MAL HIER, RICHTIG?
JA?
OH MANN! DAS BEDEUTET, DASS IHR IN DER HÜTTE ÜBERNACHTEN MÜSST.

HÜTTE?
JA. IN DER SPUKHÜTTE.
WENN IHR ES NICHT TUT, WERDET IHR FÜR DEN REST DES JAHRES VOM PECH VERFOLGT.
UND FÜR IMMER ALS FEIGLINGE DASTEHEN!

FEIGLINGE? DAS DARF AUF KEINEN FALL PASSIEREN! WIR HABEN GERADE ERST ANGEFANGEN, COOL ZU WIRKEN!
NUR DIE RUHE, ZWEI-FEL! NOCH SIND WIR KEINE FEIGLINGE.

ICH HASSE SPUKHÜTTEN UND ALLES, WAS MIT SPUK ZU TUN HAT!
ENTSPANN DICH, ANGST! WIR WISSEN DOCH ALLE, DASS ES KEINE GEISTER GIBT.
ACH JA?!

SAG, WARUM SPUKT ES DORT?
EINST, VOR LANGER ZEIT, KAMEN DIE ERSTEN PIONIERE, UM DAS LAND ZU BESIEDELN, AUF DEM DIESES CAMP ERRICHTET WURDE.

SIE SAHEN
DAS FRUCHTBARE LAND
UND BESCHLOSSEN ZU
BLEIBEN. ALSO FÄLLTEN
SIE EIN PAAR BÄUME UND
BAUTEN EINE HÜTTE.

UND SIE SAMMELTEN ALL DIE BEEREN, UM VORRÄTE FÜR DEN WINTER ZU HABEN.
UND SIE FINGEN ALL DIE FISCHE IM FLUSS.

NA ALSO, DAS IST DOCH GAR NICHT SO UNHEIMLICH!
JA, BIS SIE DURCHFALL BEKAMEN!

SIE WUSSTEN NICHT, DASS SIE DAS FUTTER DES DORT LEBENDEN BÄREN ASSEN.
EINES ABENDS, ALS SIE SICH AN GEBRATENEM FISCH UND BEERENKUCHEN LABTEN, FOLGTE DER BÄR DEM GERUCH BIS ZUR HÜTTE …
MOMENT MAL, ES GIBT BÄREN IN DIESEN WÄLDERN?! NIEMAND HAT MIR GESAGT, DASS HIER BÄREN LEBEN!

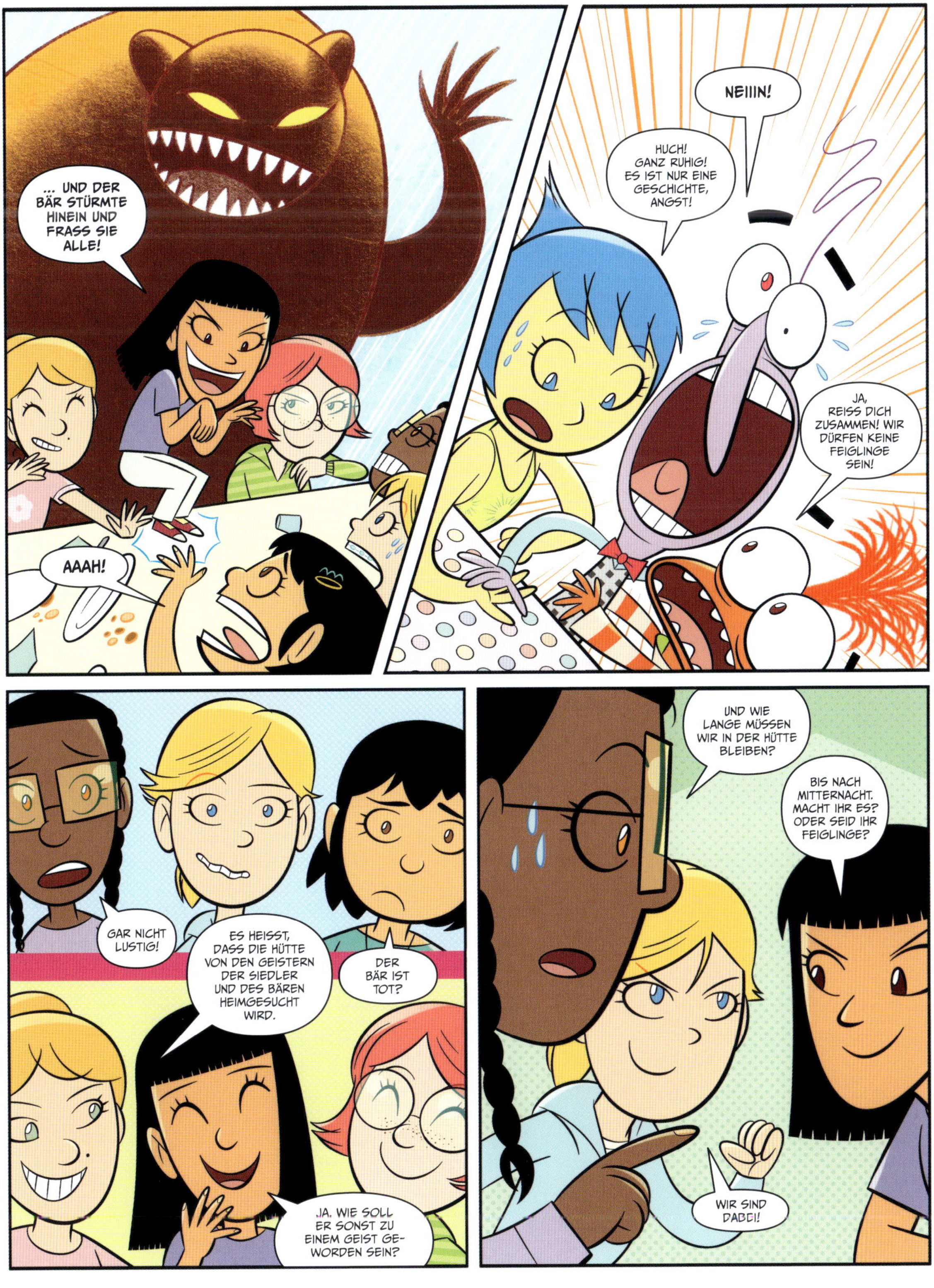

... UND DER BÄR STÜRMTE HINEIN UND FRASS SIE ALLE!

AAAH!

HUCH! GANZ RUHIG! ES IST NUR EINE GESCHICHTE, ANGST!

NEIIIN!

JA, REISS DICH ZUSAMMEN! WIR DÜRFEN KEINE FEIGLINGE SEIN!

DAS WAR EIN ZIEMLICH WEITER WEG VOM CAMP.
KEINE ANGST! WIR KOMMEN NACH MITTERNACHT ZURÜCK UND HOLEN EUCH.
NUR WENN IHR MÖCHTET. PASST SCHON!

WIR DÜRFEN NICHT HIER SEIN! DER GEISTERBÄR WIRD UNS HEIMSUCHEN UND FRESSEN!
BIS MITTERNACHT MÜSSEN WIR DURCHHALTEN! UNBEDINGT!
KEINE BANGE! ALLES WIRD GUT! WIR HABEN UNSERE BESTEN FREUNDINNEN DABEI. WAS KANN DA SCHON SCHIEFGEHEN?

VIEL GLÜCK!
ES IST GAR NICHT SO SCHLIMM. IRGENDWIE SOGAR ... COOL? AUF EINE ALTMODISCHE ART UND WEISE.
NEIN, NICHT COOL. EHER GRUSELIG!

NICHT SO SCHLIMM? SEHT EUCH NUR DIE SPINNWEBEN AN! UND DIE UNHEIMLICHEN FOTOS AN DER WAND!
KEINE SORGE, ANGST! WIR HALTEN UNS EINFACH VON DEN WÄNDEN FERN!

DAS IST SO BESCHEUERT. WIR HÄTTEN NICHT KOMMEN SOLLEN.
ES MACHT DOCH SPASS! AUS-SERDEM WOLLEN WIR NICHT FÜR IMMER ALS FEIGLINGE DASTEHEN.
ES IST JA NUR FÜR EINE NACHT! DANN KÖN-NEN WIR ES TANYA UNTER DIE NASE REIBEN.

BREE HAT RECHT. WIR MÜS-SEN HIER WEG!
DAS GEHT NICHT! SONST SIND WIR FÜR ALLE EWIGKEIT DIE FEIGLINGE!
LASST UNS NOCH EIN BISS-CHEN ABWARTEN UND SEHEN, WAS PASSIERT!

ICH WILL EINFACH NUR NACH HAUSE, MICH IN MEINEM ZIMMER EINSCHLIESSEN UND ANIME GUCKEN.
ICH GLAUBE, MIR WÄRE ES OHNE MÜCKEN UND SPINNEN AUCH LIEBER.
WENIGSTENS SIND WIR NICHT MIT ZIG NEUEN LEUTEN ZUSAM-MEN. WIR KÖNNEN DAS SCHAFFEN!

ES IST GUT FÜR RILEY, IHRE KOMFORTZONE ZU VERLASSEN, DENN DARAN WÄCHST SIE.

KNAAARZ
WAS WAR DAS?
DAS HAT SICH ANGEHÖRT WIE ... DIE TÜR?

AAAH!
KAM DAS VON DRAUSSEN?
V... V... VIELLEICHT WAR ES NUR DER REGEN?
KRATZ KNARR

WIR SIND IN GEFAHR! ES IST MIR SCHNUPPE, WELCHEN PLAN DU HAST, ZWEIFEL!
ANGST, DU GEHST ZU WEIT!

WENN ES EIN BÄR IST, KÖNNEN WIR UNS AUF DEM DACHBODEN VERSTECKEN! UND WENN ES EIN GEIST IST, KÖNNEN WIR ... IHN ANLEUCHTEN? GEISTER HASSEN DOCH LICHT, ODER?
DAS IST ALLES NICHT NÖTIG. WIR MÜSSEN NUR DIE RUHE BEWAHREN! ENNUI?

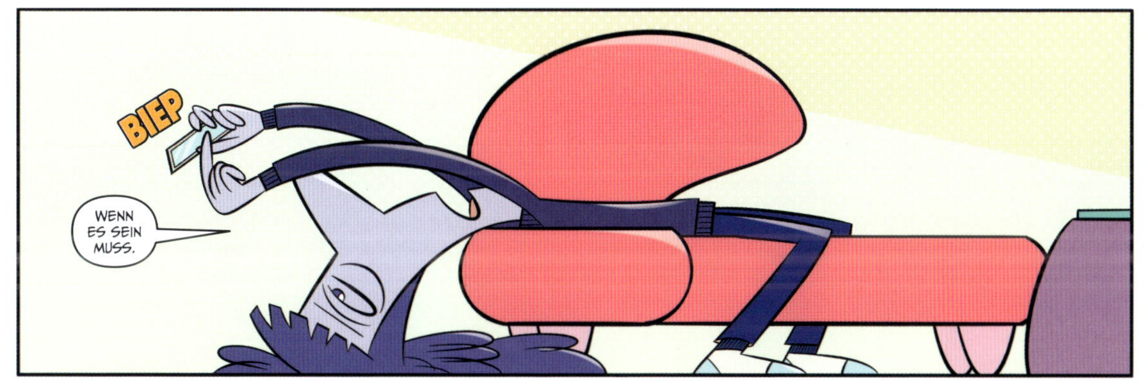
BIEP
WENN ES SEIN MUSS.

RUMPEL
OKAY. DAS GEFÄLLT MIR GANZ UND GAR NICHT.
DAS IST ... DAS IST NUR EIN GEWITTER, ODER?
JA. DAS IST NICHTS, WOVOR MAN SICH FÜRCH-TEN MUSS.

RAAAAARGH
AAAAAAAAAH!

ES IST DER GEIS-TERBÄR!

AAAAAAAAAAH!
ROARRR

KU-RACK
VER-FOLGT ER UNS?
ICH HALTE NICHT AN, UM NACHZU-SEHEN!

LAUFT!
NEIN, ANGST! SIE WERDEN SICH VERIRREN, UND DANN IST ES UNSERE SCHULD!

WARTET! WO SIND WIR?
SPIELT DAS EINE ROLLE? WIR MÜSSEN SO WEIT WIE MÖGLICH WEG VON DIESEM ...

UUUUUUUH!
FOLGT UNS!
KOMMT ZUR HÜTTE ZURÜCK!
AAAH!

UIUIUI...
ANGST?! KOMM SCHON, NICHT OHNMÄCH-TIG WERDEN!

ICH HABE ALLES IM GRIFF! ALS ERSTES MÜSSEN WIR UNS IRGENDWO UNTER-STELLEN!
ÄHM, OKAY. JA, DAS KLINGT NACH EINER GUTEN IDEE.

DA! UNTER DEM BAUM!
NUN MÜSSEN SIE EIN FORT BAUEN, UM SICH VOR DEM BÄREN ZU SCHÜTZEN!

ICH HABE KEINE AHNUNG, WO WIR SIND.
DAS IST NICHT SCHLIMM. UNS GEHT'S GUT. UNS GEHT'S TOTAL GUT.

UNS GEHT'S ... ÜBER-HAUPT NICHT GUT! WIR WURDEN FAST IN GEISTER VERWANDELT UND VON EINEM GEISTERBÄREN GEFRESSEN!
WILLKOM-MEN ZURÜCK, ANGST!
UM DEN GEISTERBÄREN KÜMMERN WIR UNS SPÄTER! ERST MÜSSEN WIR EINEN UNTERSTAND BAUEN, SONST HALTEN UNS ALLE FÜR VÖLLIG HILFLOS!

LASST UNS EIN PAAR ÄSTE SAMMELN UND EI-NEN UNTERSCHLUPF BAUEN, UM UNS VOR DEM REGEN ZU SCHÜTZEN.
KLASSE IDEE! BIN SCHON DABEI!

SIE SOLLTEN EIN FEUER MACHEN!
DAS IST ES! WENN WIR EIN RIESIGES FEUER MACHEN, WERDEN SICH KEINE GEISTER AN UNS HERANWAGEN!
ES IS WAHRSCHEINLICH BESSER, WENN WIR KEINEN WALDBRAND RISKIEREN.

DU HAST RECHT. WIR WOLLEN DEN GEISTERN JA AUCH NICHT UNSEREN AUFENTHALTSORT VERRATEN ...
NOCH MEHR GEISTER?! WO?
ES GIBT KEINE GEISTER! KOMMT SCHON, IHR ZWEI, ICH BRAUCHE EURE HILFE HIER.

WIR MÜSSEN ZUSAMMENARBEITEN, UM DEN MÄDCHEN ZU HELFEN, DEN WEG ZURÜCK ZU FINDEN!
OKAY. ICH VERSUCH'S!
DU KANNST AUF MICH ZÄHLEN! LASS MICH NUR SCHNELL EIN PAAR LISTEN MACHEN!

AH!
OCH, WIE NIED-LICH!

OJE, WAS, WENN SIE GIFTIG IST?
BESSER, WIR SIND VOR-SICHTIG!
JA. ICH GLAUBE, GRACE WEISS, WAS SIE TUT!

ALLES GUT, KLEINE FREUNDIN.
DANKE, GRACE.
GRACE, DEIN KOMPASS!

HEY, PASS AUF PUGU AUF!

OH, ICH HABE GANZ VERGESSEN, DASS ICH DEN HABE!
DAMIT KÖNNEN WIR DEN WEG ZURÜCK ZUM CAMP FINDEN.

WIR MÜSSEN NUR RICHTUNG WESTEN ZUM WANDERWEG GEHEN UND IHM DANN NACH SÜDEN FOLGEN!
DANN SIND WIR IN SICHER-HEIT!
ABER WENN WIR ZURÜCKGEHEN, WERDEN SIE UNS FÜR FEIGLINGE HALTEN! UND WER WILL SCHON MIT FEIGLINGEN BE-FREUNDET SEIN?

RILEY IST KEIN FEIGLING. GENAUSO WENIG WIE WIR! RILEY IST NACHTS ALLEIN MITTEN IM WALD UND KOMMT GUT DAMIT ZURECHT, DANK EUCH BEIDEN!
UND IN GEISTER WURDEN WIR AUCH NICHT VERWANDELT ... NOCH NICHT.
JA ... DAS STIMMT.

ICH DENKE, WIR SIND AUF DEM RICHTIGEN WEG.

WIR HABEN ES GESCHAFFT!

WIR HABEN ES GE-SCHAFFT!
IHR HABT SIE SICHER INS CAMP ZURÜCKGEBRACHT. IHR ZWEI SEID GROSS-ARTIG!
UND DU AUCH, FREUDE!

MOMENT, IST DAS NICHT TANYAS STIMME?

WIR SAGEN IHNEN, DASS WIR ZURÜCK SIND!

ICH KANN NICHT GLAUBEN, DASS SIE WEGGE- LAUFEN SIND!
DER STREICH MIT DER SPUKHÜTTE KLAPPT IMMER!

DU HAST WAS VOR, ODER?
ABER SO WAS VON!

WIR SOLLTEN DIE FEIG- LINGE SUCHEN GEHEN.

JA, IST BESSER. WILL KEINEN ÄRGER MIT DEN BETREUERN.

RASCHEL RASCHEL
WAS WAR DAS?
ICH GLAUBE, DA IST ETWAS IM GEBÜSCH!
UUH!

RRRAGHHHHH
AAAAAAAAH!

NEIN, NEIN, NEIN. BITTE FRISS MICH NICHT!

SIE IST GENAUSO VERÄNGSTIGT, WIE ICH ES WAR!
AUSTEILEN KÖNNEN SIE, ABER EINSTECKEN ANSCHEINEND NICHT!

KLASSE IDEE, WUT!
FEIGLINGE SIND WIR JA WOHL NICHT!

BUH!

HAHA! REIN-GEFALLEN!
OH MANN, WIE DU GUCKST!

OKAY, IHR HABT MICH REINGELEGT. DAS IST NUR FAIR.

DU HAST UNS JA AUCH GANZ SCHÖN VERÄPPELT!
SEID IHR NICHT SAUER?
NÖ.

WAS IST SCHON EIN KLEINER GEISTERBÄR UNTER FREUNDEN, HM?

JA, ANGST, WAS IST SCHON EIN KLEINER GEISTERBÄR UNTER FREUNDEN?
NUR HER DAMIT!
KEINE GEISTERBÄREN MEHR, BITTE!
ES WERDEN VIELLEICHT KEINE GEISTERBÄREN SEIN, ABER WAS AUCH IMMER ALS NÄCHSTES AUF UNS ZUKOMMT, ZUSAMMEN KÖNNEN WIR ES BEWÄLTIGEN. DAS WEISS ICH.
ENDE

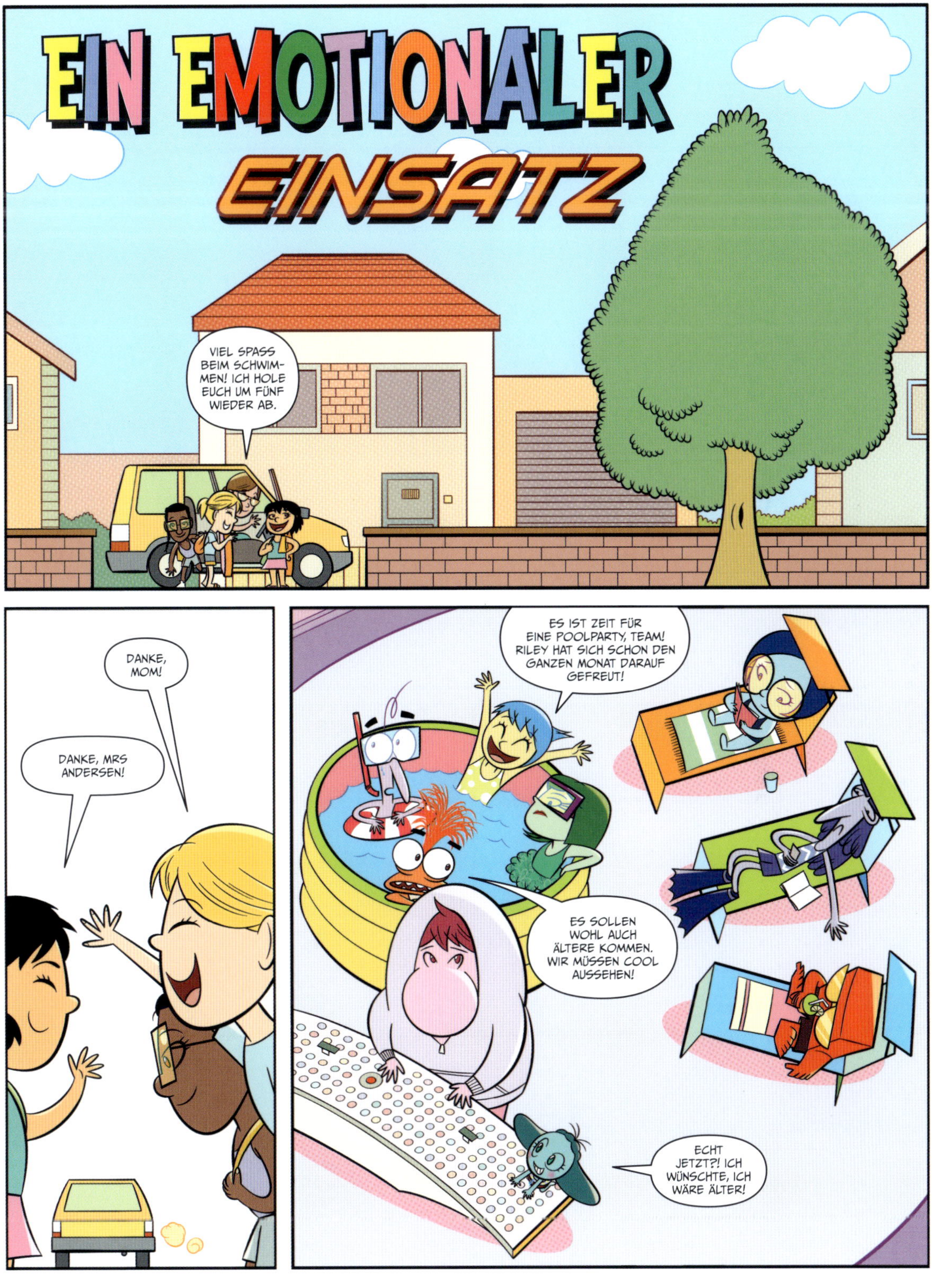

EIN EMOTIONALER EINSATZ

VIEL SPASS BEIM SCHWIMMEN! ICH HOLE EUCH UM FÜNF WIEDER AB.

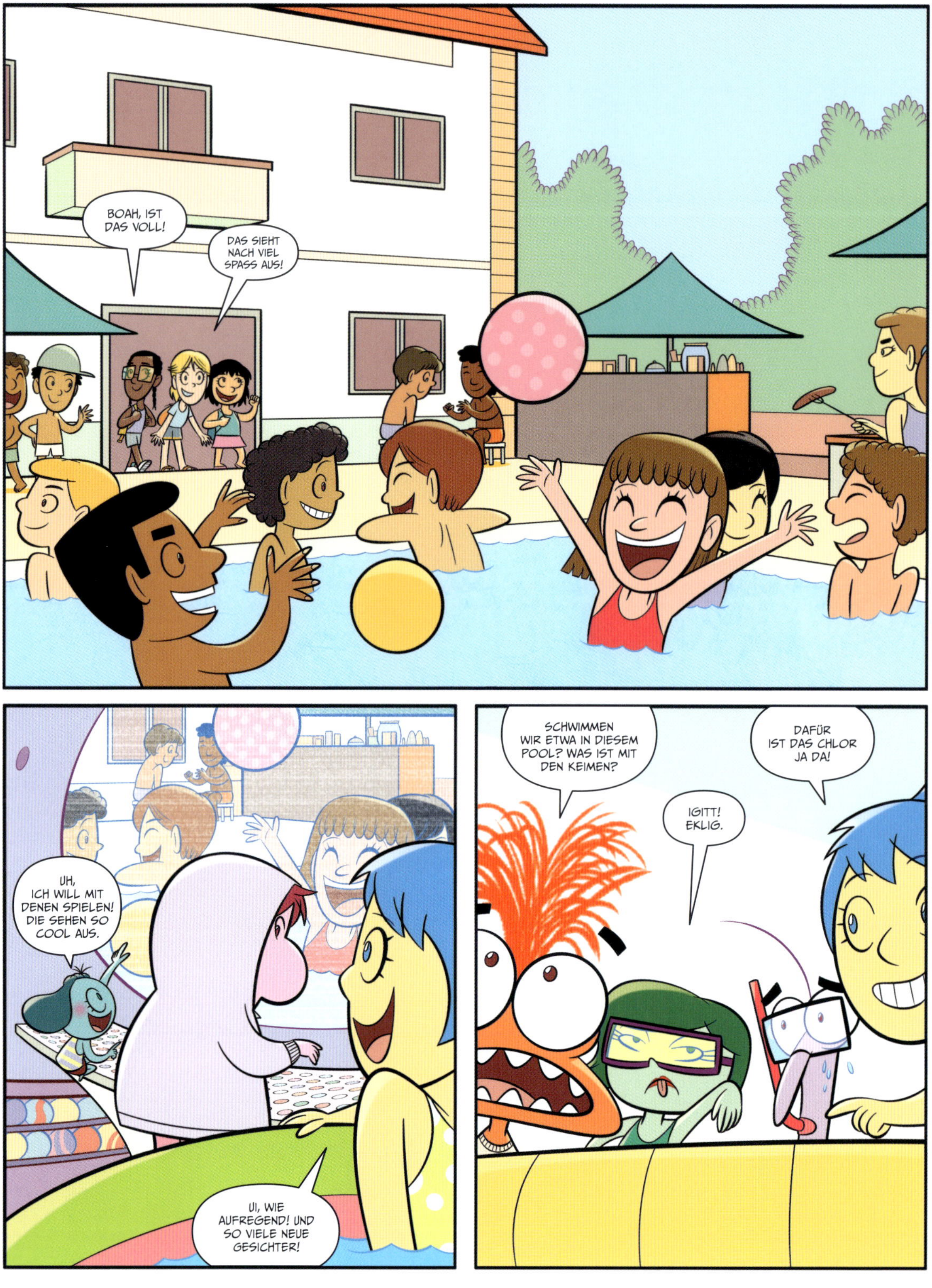

BOAH, IST DAS VOLL!
DAS SIEHT NACH VIEL SPASS AUS!

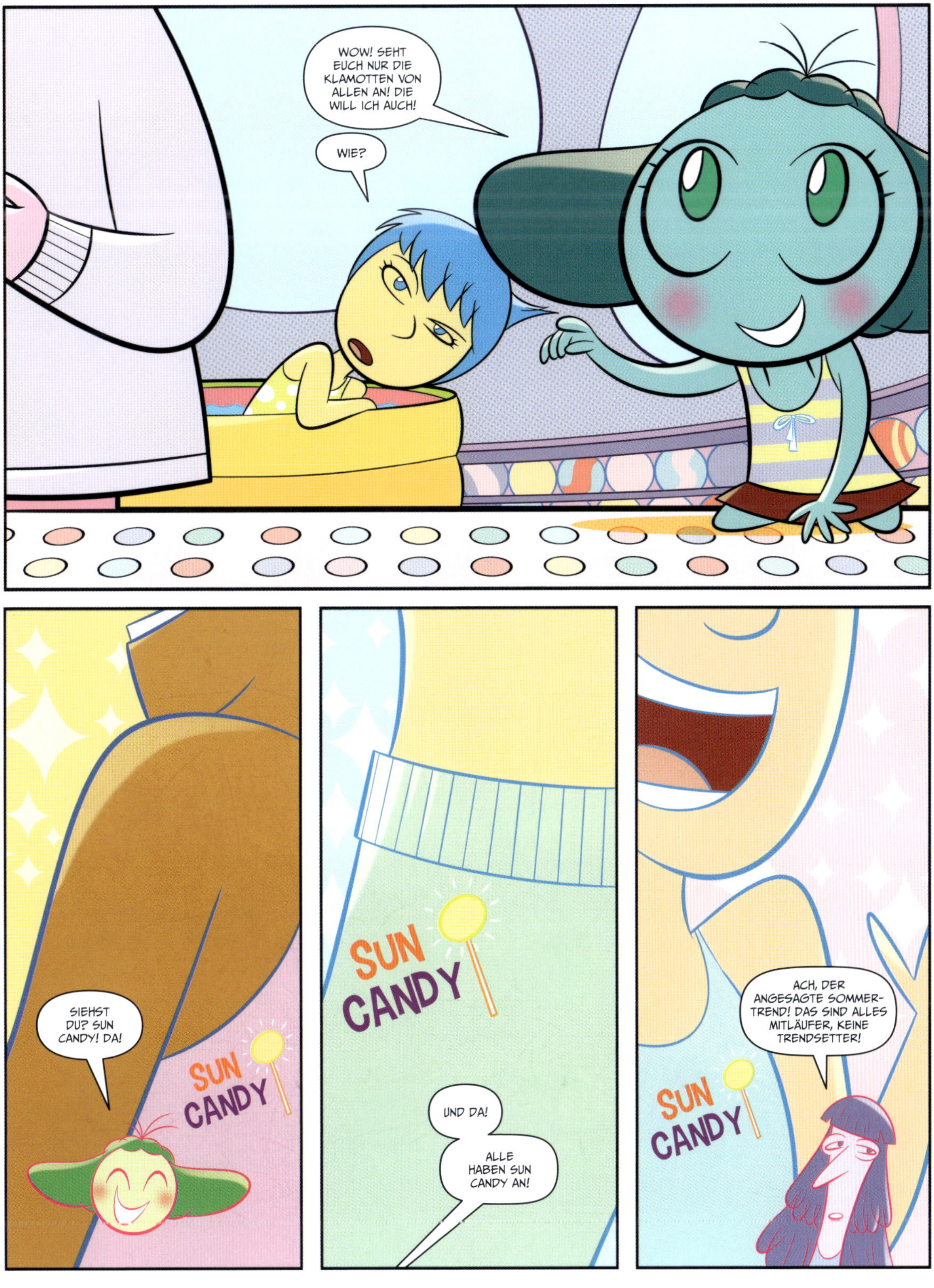

WOW! SEHT EUCH NUR DIE KLAMOTTEN VON ALLEN AN! DIE WILL ICH AUCH!

WIE?

WARUM TRAGEN WIR NICHT AUCH SUN CANDY?
WARTE! DESHALB BRAUCHEN WIR UNS DOCH NICHT ZU SCHÄMEN!
RILEY BRAUCHT JETZT NUR EIN WENIG SELBSTBE-WUSSTSEIN ...
WIR BRAUCHEN AUCH SUN CANDY!
KOMISCH. DIE KONSOLE IST WIRKLICH LANGSAM ...
FWUSCH
OHA!
WAS IST DAS?

KOMMST DU MIT REIN?
ÄH, JA. GLEICH. GEHT SCHON MAL VOR.

OKAY, ABER BEEIL DICH!

VER-SCHWINDET DA ETWA RILEYS SELBSTBEWUSST-SEIN?
SIE FÜHLT SICH SCHEINBAR SEHR UNSICHER.

GLEICH IST NICHTS MEHR DAVON DA!
DAS IST NICHT GUT!
KEINE PANIK! WIR KRIEGEN DAS SCHON HIN!

VIELLEICHT KÖNNEN WIR DIE ARBEITER IM KOPF FRAGEN?

HUHUUU, JUNGS! DA DRAUSSEN SCHEINT ETWAS MIT DEM SELBSTBEWUSSTSEIN NICHT ZU STIMMEN. KÖNNTET IHR MAL HINGEHEN UND ES EUCH ANSEHEN?
DAS IST NORMS JOB. WIR HABEN KEINE BERECHTIGUNG, AM SELBSTBEWUSSTSEIN ZU ARBEITEN.
UND WO IST NORM?
IM URLAUB. SORRY, MEINE DAME.

WIR BRAUCHEN JEMANDEN, DER DAS IN ORDNUNG BRINGT!
ICH WÜNSCHTE, ICH KÖNNTE GEHEN. ICH WOLLTE SCHON IMMER MAL EIN ABENTEUER ERLEBEN!

SUPER! EINE FREIWILLIGE! WIE WÄR'S, WENN DU PEINLICH MITNIMMST? EIN GROSSER KERL WIE ER IST BESTIMMT HILFREICH.

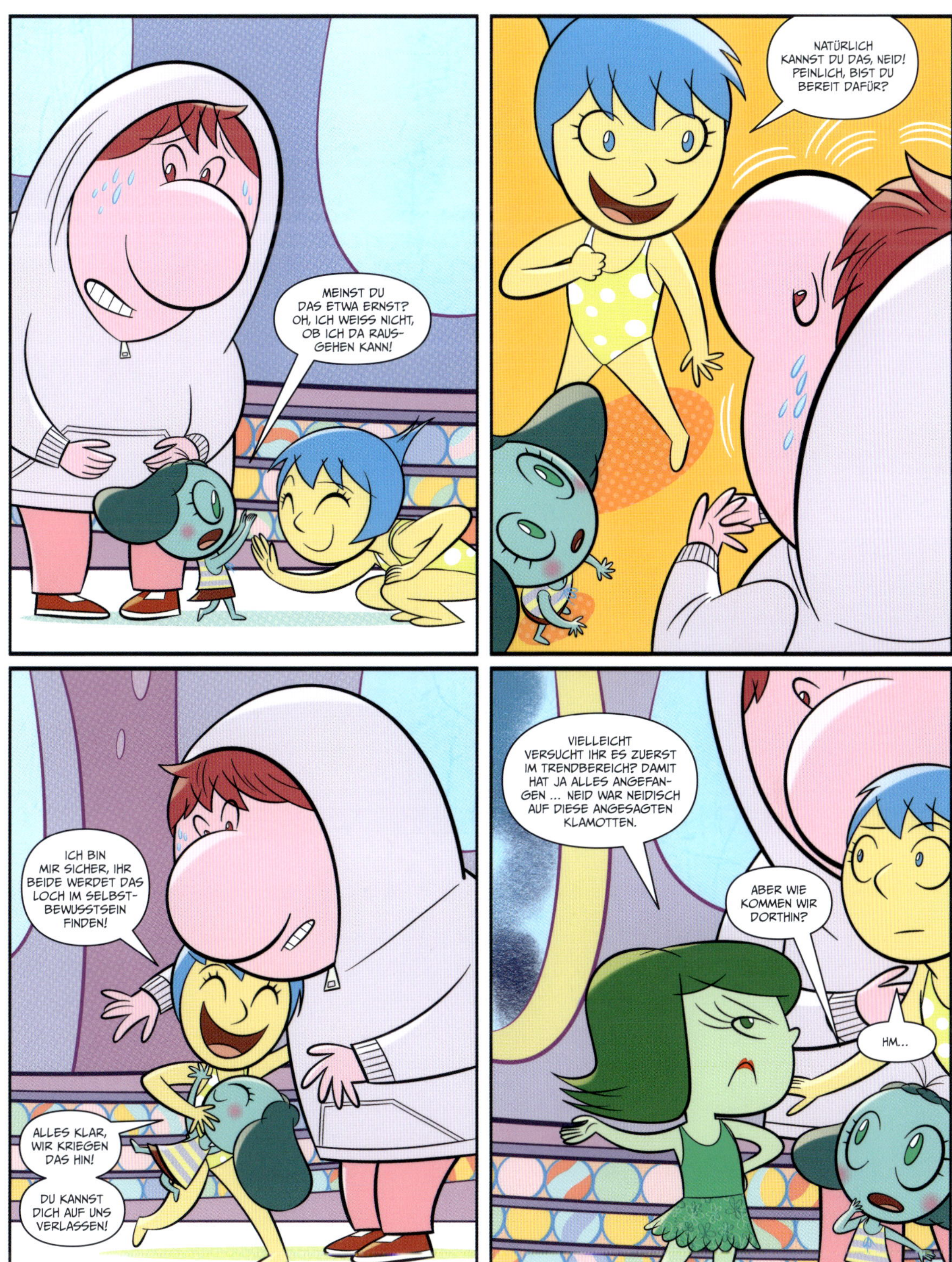
MEINST DU DAS ETWA ERNST? OH, ICH WEISS NICHT, OB ICH DA RAUS-GEHEN KANN!
NATÜRLICH KANNST DU DAS, NEID! PEINLICH, BIST DU BEREIT DAFÜR?
ICH BIN MIR SICHER, IHR BEIDE WERDET DAS LOCH IM SELBST-BEWUSSTSEIN FINDEN!
ALLES KLAR, WIR KRIEGEN DAS HIN!
DU KANNST DICH AUF UNS VERLASSEN!
VIELLEICHT VERSUCHT IHR ES ZUERST IM TRENDBEREICH? DAMIT HAT JA ALLES ANGEFAN-GEN ... NEID WAR NEIDISCH AUF DIESE ANGESAGTEN KLAMOTTEN.
ABER WIE KOMMEN WIR DORTHIN?
HM...

DAS IST EIN VON DER GEWERKSCHAFT BEREITGESTELLTER SICHERHEITSGURT. NORM BRAUCHT IHN JA GERADE NICHT.
HUI.
NA, SO KLAPPT DAS BESTIMMT.
ICH GLAUBE FEST AN EUCH! IHR SCHAFFT DAS!
WIR WERDEN DAS SELBSTBEWUSSTSEIN IM NU REPARIEREN!
DU MUSST SCHAUEN, WOHIN DU GEHST, PEINLICH!
NICHT DIE AUGEN BEDECKEN!
UAH!

SUN
CANDY
WOW, ALLES IST SO RIESIG! ICH WÜNSCHTE, ICH WÄRE AUCH SO GROSS!

SUN
ANDY
ICH KANN DAS LOCH NIRGENDS SEHEN. WIR MÜSSEN HIER RAUS UND WEITERSUCHEN. HIER LANG!

KOMM SCHON, WIR MÜSSEN UNS BEEILEN!

SCHAU, DA
IST ES!

SO WEIT
WEG ...

ABER
WIR KÖNNTEN
DOCH DAMIT
FAHREN!

HEB
MICH HOCH! WIR
MÜSSEN DEN ZUG
KRIEGEN!

ICH WÜNSCHTE, ICH
WÄRE SO GROSS WIE DU!
JETZT BIST DU DRAN,
PEINLICH!

TUUT
TUUT
KOMM
SCHON, DU
SCHAFFST DAS!
BITTE BEEIL
DICH!

PUH! DAS WAR
KNAPP! VIELLEICHT
KANNST DU DAS NÄCHS-
TE MAL EIN BISSCHEN
SCHNELLER SEIN?

BAUSTELLE DER PUBERTÄT
DAS IST EIN GROSSES LOCH!

KEIN ZUTRITT! DIE EXPLOSION IM SELBSTBEWUSSTSEIN HAT VÖLLIGES CHAOS AUF DER GANZEN BAUSTELLE ANGERICHTET.
WANN WIRD DAS LOCH REPARIERT SEIN?
WANN IMMER DER SPEZIALIST KOMMT, UM DEN OPTIMISMUSFLICKEN ANZUBRINGEN.

DER OPTIMISMUSFLICKEN!

WIR MÜSSEN UNS DIESEN FLICKEN SCHNAPPEN UND AN IHNEN VORBEIKOMMEN! NUR WIE?

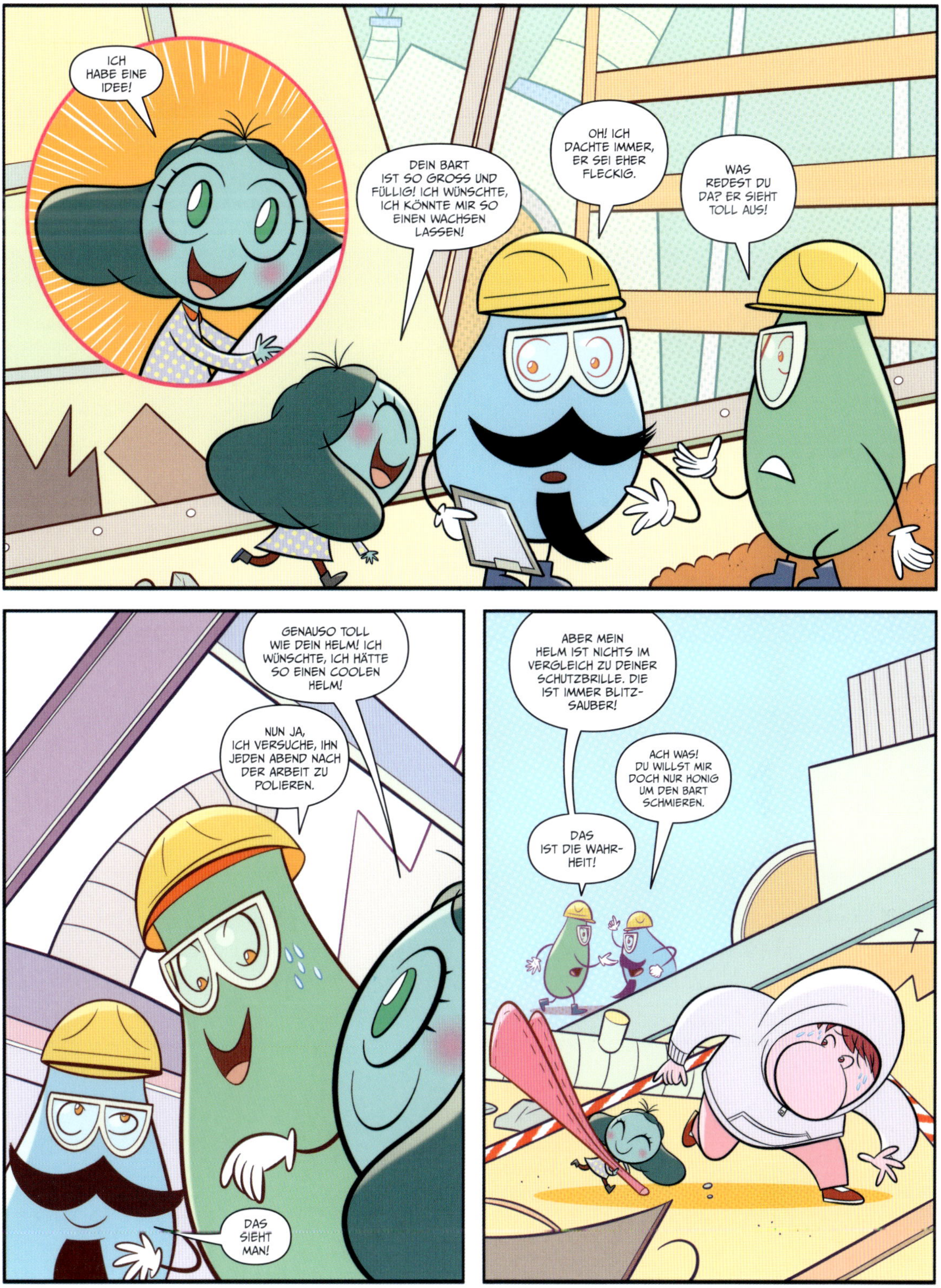

ICH HABE EINE IDEE!
DEIN BART IST SO GROSS UND FÜLLIG! ICH WÜNSCHTE, ICH KÖNNTE MIR SO EINEN WACHSEN LASSEN!
OH! ICH DACHTE IMMER, ER SEI EHER FLECKIG.
WAS REDEST DU DA? ER SIEHT TOLL AUS!

ICH WÜNSCHTE, ICH KÖNNTE SO STARK SEIN WIE DU, PEINLICH ...
... ODER EINEN COOLEN BART HABEN. ODER IN EINER GEWERKSCHAFT SEIN. ICH WEISS NICHT, OB ICH DAS SCHAFFE.
WIR SIND NUR DANK **DIR** HIER.
ICH ... **ICH** BIN NEIDISCH AUF **DICH**.

DU ...
WILLST WIE ICH SEIN?

DANN WERDE ICH EBEN ICH SELBST SEIN!

ICH KRIEGE DAS HIN!

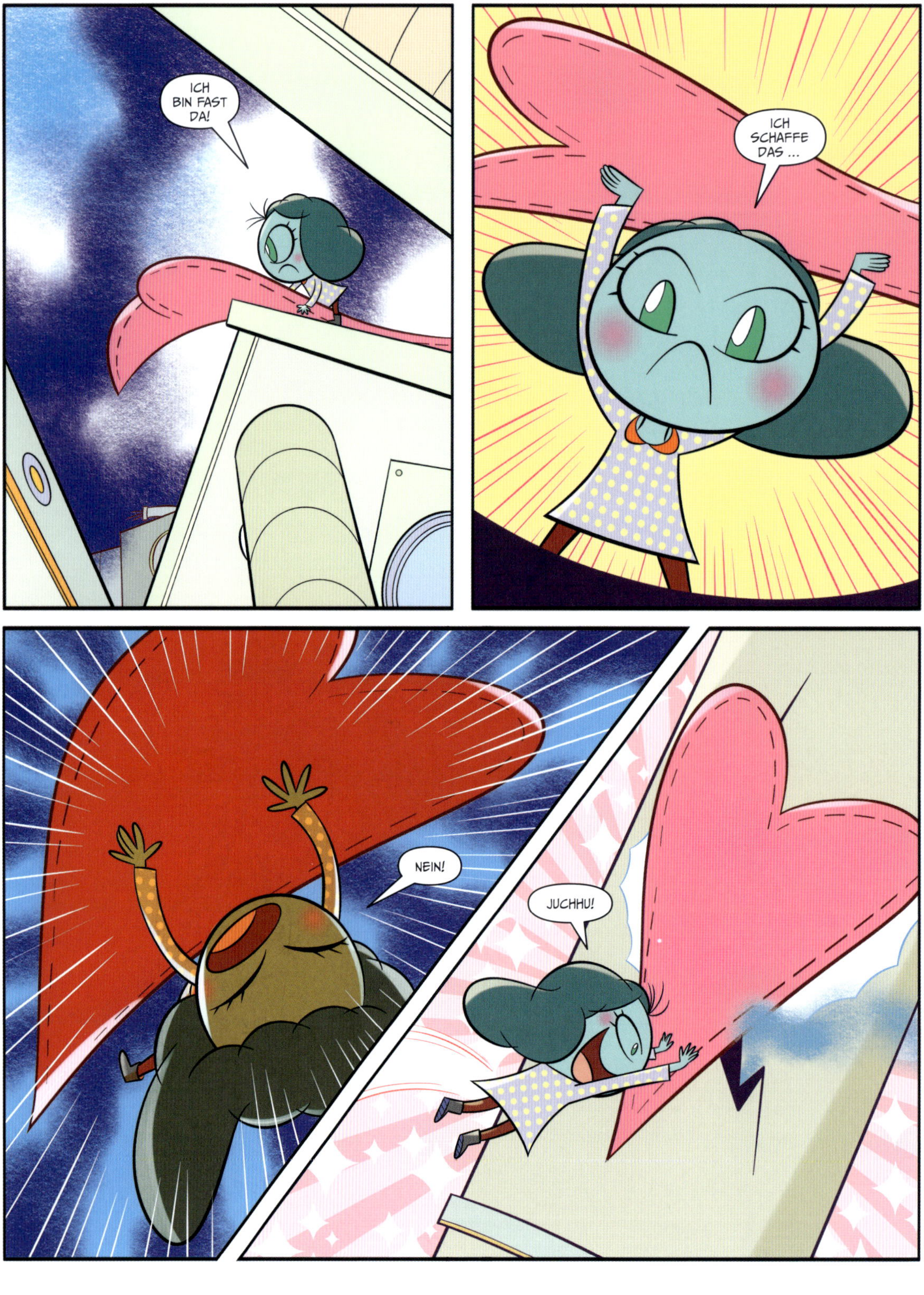

NEIN!

JUCHHU!

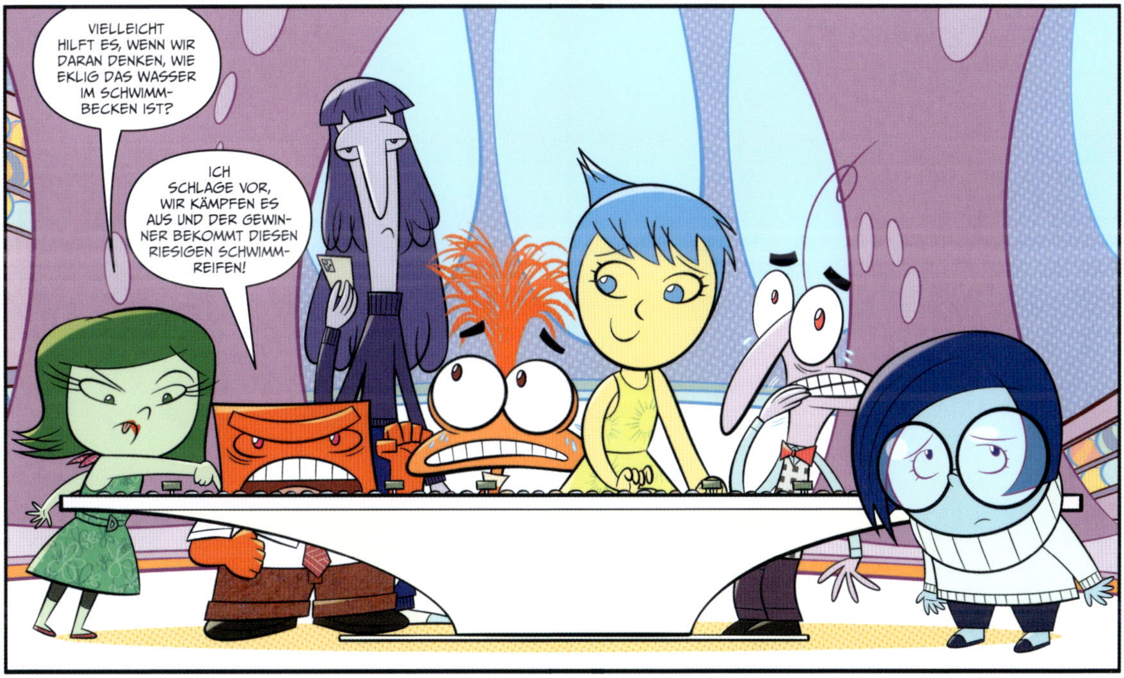

VIELLEICHT HILFT ES, WENN WIR DARAN DENKEN, WIE EKLIG DAS WASSER IM SCHWIMM-BECKEN IST?

ICH SCHLAGE VOR, WIR KÄMPFEN ES AUS UND DER GEWIN-NER BEKOMMT DIESEN RIESIGEN SCHWIMM-REIFEN!

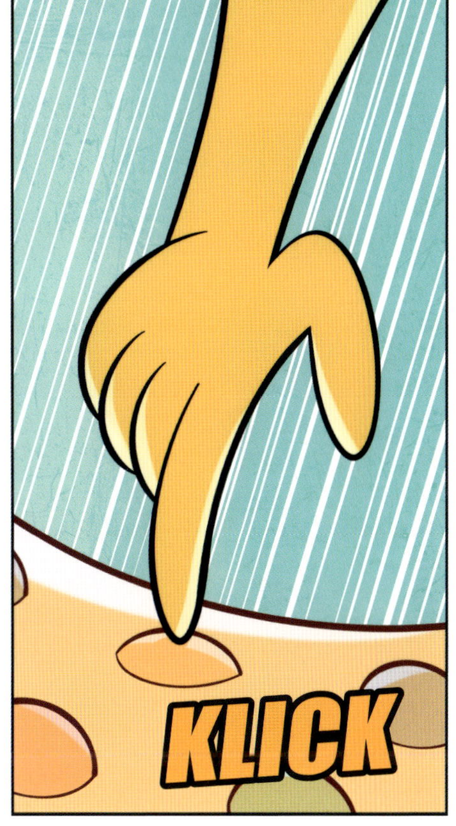

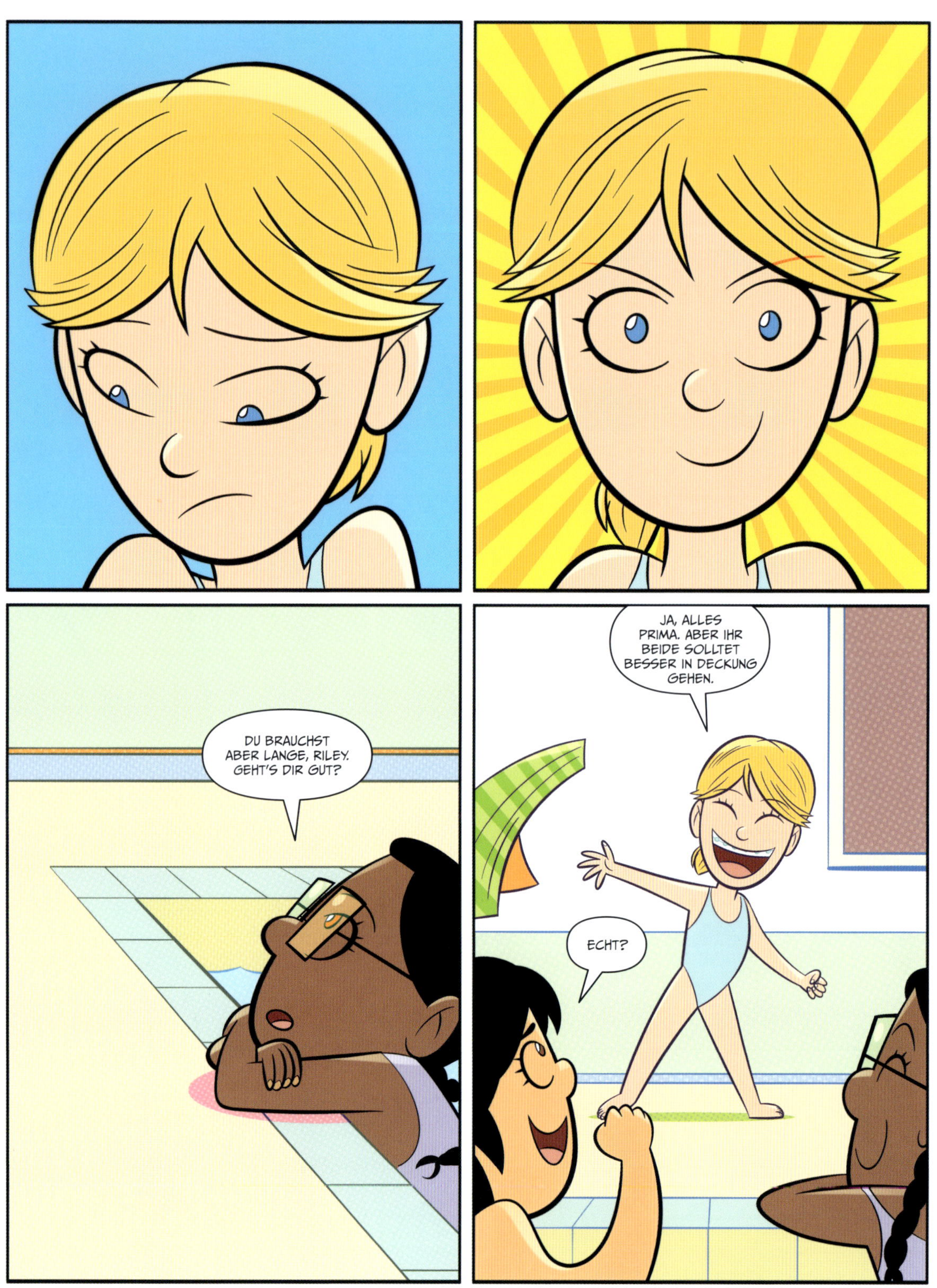
DU BRAUCHST ABER LANGE, RILEY. GEHT'S DIR GUT?
JA, ALLES PRIMA. ABER IHR BEIDE SOLLTET BESSER IN DECKUNG GEHEN.
ECHT?

HEY, PASS AUF!

DAS IST UNSERE RILEY!

YIPPIE!

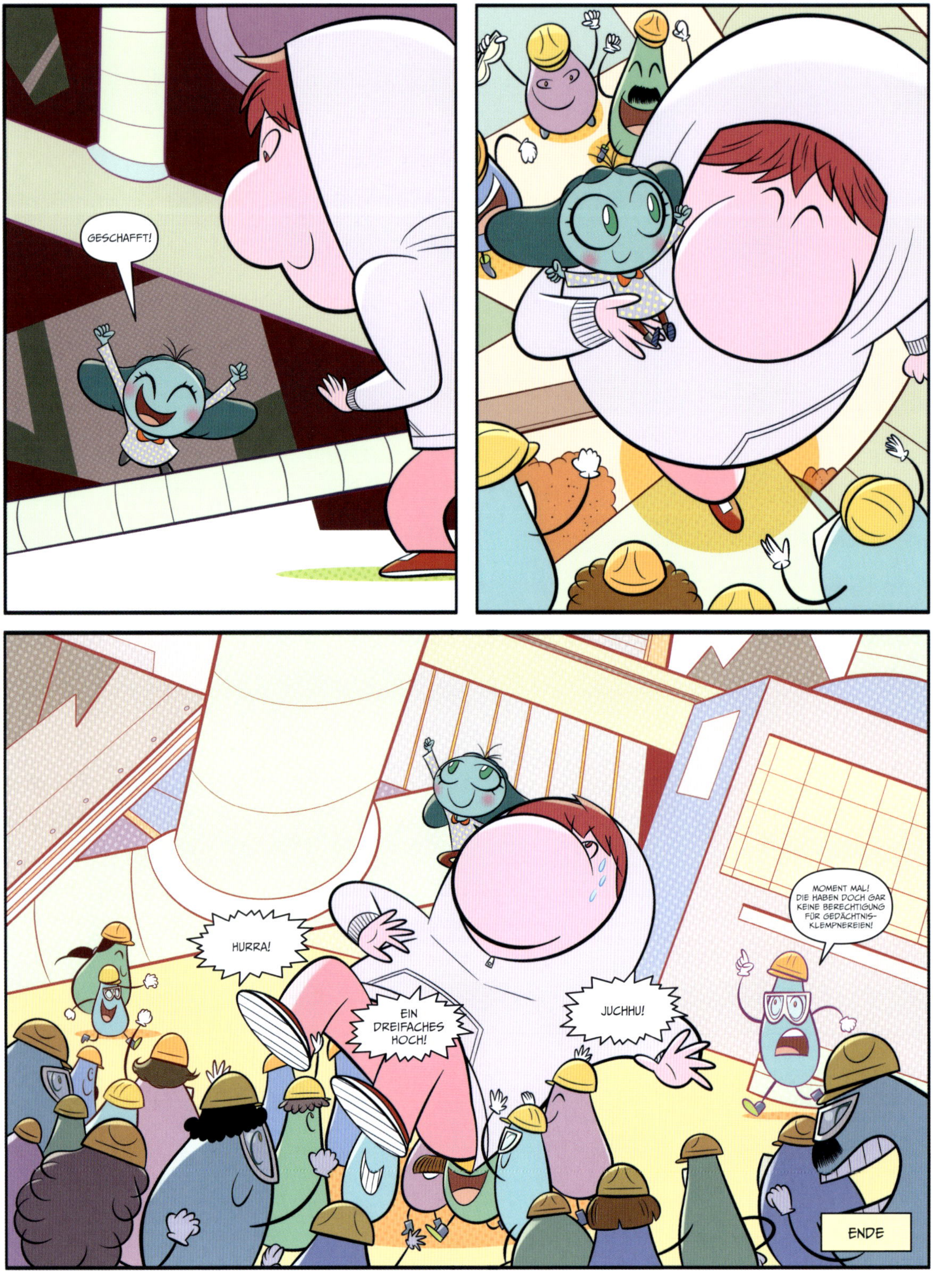

HURRA!

EIN DREIFACHES HOCH!

JUCHHU!

MOMENT MAL! DIE HABEN DOCH GAR KEINE BERECHTIGUNG FÜR GEDÄCHTNIS-KLEMPNEREIEN!

ENDE

AUF DER SUCHE NACH LANCE

JA! KENNST DU IHN?
ICH HABE FRÜHER STÄNDIG *BATTLE BRAWL 7* GESPIELT!

WIE COOL! ICH KANN ES KAUM ERWARTEN, DAS REMAKE ZU ZOCKEN!
WAS? DAVON HABE ICH NOCH GAR NICHTS GEHÖRT!

DAS IST JA TOLL! LANCE ERLEBT EIN COME-BACK!
WIESO WUSSTEN WIR NICHTS VON DEM REMAKE?!

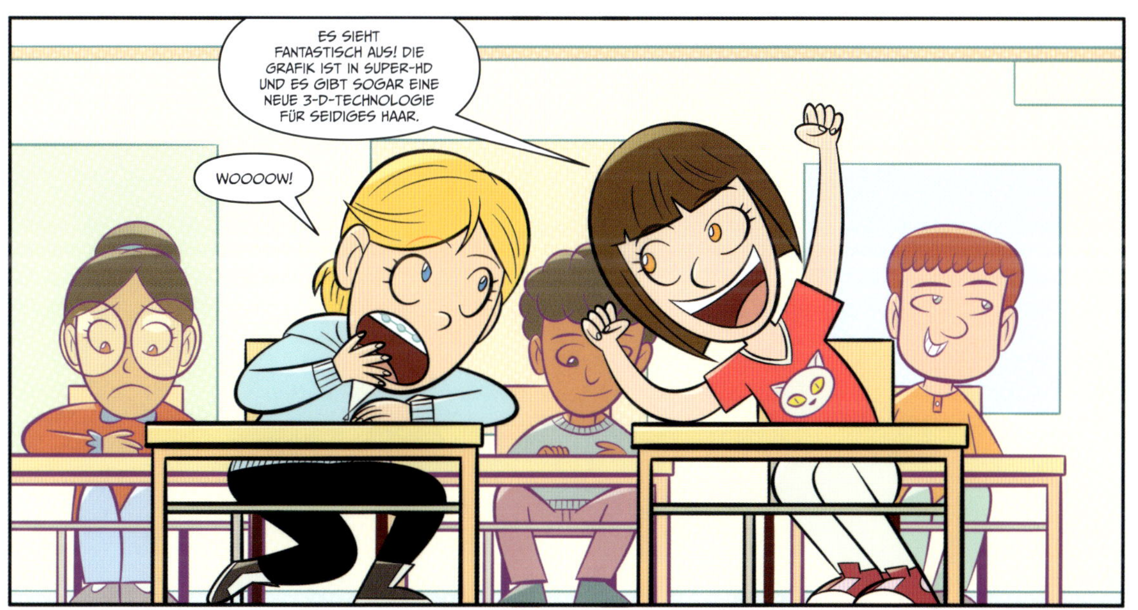
ES SIEHT FANTASTISCH AUS! DIE GRAFIK IST IN SUPER-HD UND ES GIBT SOGAR EINE NEUE 3-D-TECHNOLOGIE FÜR SEIDIGES HAAR.
WOOOOW!

SAG, WAS IST DEIN LIEBSTER LANCE-MOVE? MEINER IST DER SUPER SPECTRAL SLICE.
OH! UHM...

OKAY, WIR MÜSSEN NUR EINE LANCE-ERINNERUNG ABRUFEN! DAS IST ÜBERHAUPT KEIN PROBLEM.

KEINE ERINNERUNGEN GEFUNDEN
MOMENT, WIE BITTE?!
WIR HABEN IHN DOCH GERADE ERST GESEHEN.

EBEN! WO KÖNNTEN DIESE ERINNERUNGEN SEIN?

DAS IST WIRKLICH SCHWER ZU SAGEN. DIE SIND ALLE IRGENDWIE ... ÄH... ECHT COOL.

DU HAST JA SO RECHT. LANCE LÄSST JEDE BEWEGUNG HAMMERMÄSSIG AUSSEHEN!

ICH HABE EIN PAAR LEUTE FÜR MORGEN EINGELADEN, UM DAS ALTE SPIEL ZU SPIELEN, BEVOR DAS REMAKE RAUSKOMMT. DU MUSST UNBEDINGT KOMMEN!
OH, TOLL! SEHR GERN.
KANN SEIN, DASS EIN PAAR VON UNS IRGENDEIN SLASHBLADE-KOSTÜM ANHABEN. ABER DAS IST KEIN MUSS!
SCHON KLAR.
EINE LANCE-SLASH-BLADE-PARTY? WIR HABEN NICHT EINE EINZIGE ERINNERUNG AN IHN!
DIE MÜSSEN ABER IRGENDWO SEIN!
KEINE
ERINNERUN
GEFUNDEN
VIELLEICHT BRAUCHEN WIR UNS GAR NICHT ZU ERINNERN? SIE KANN DAS SPIEL EINFACH NOCH MAL SPIELEN.
KLASSE IDEE, ENNUI!

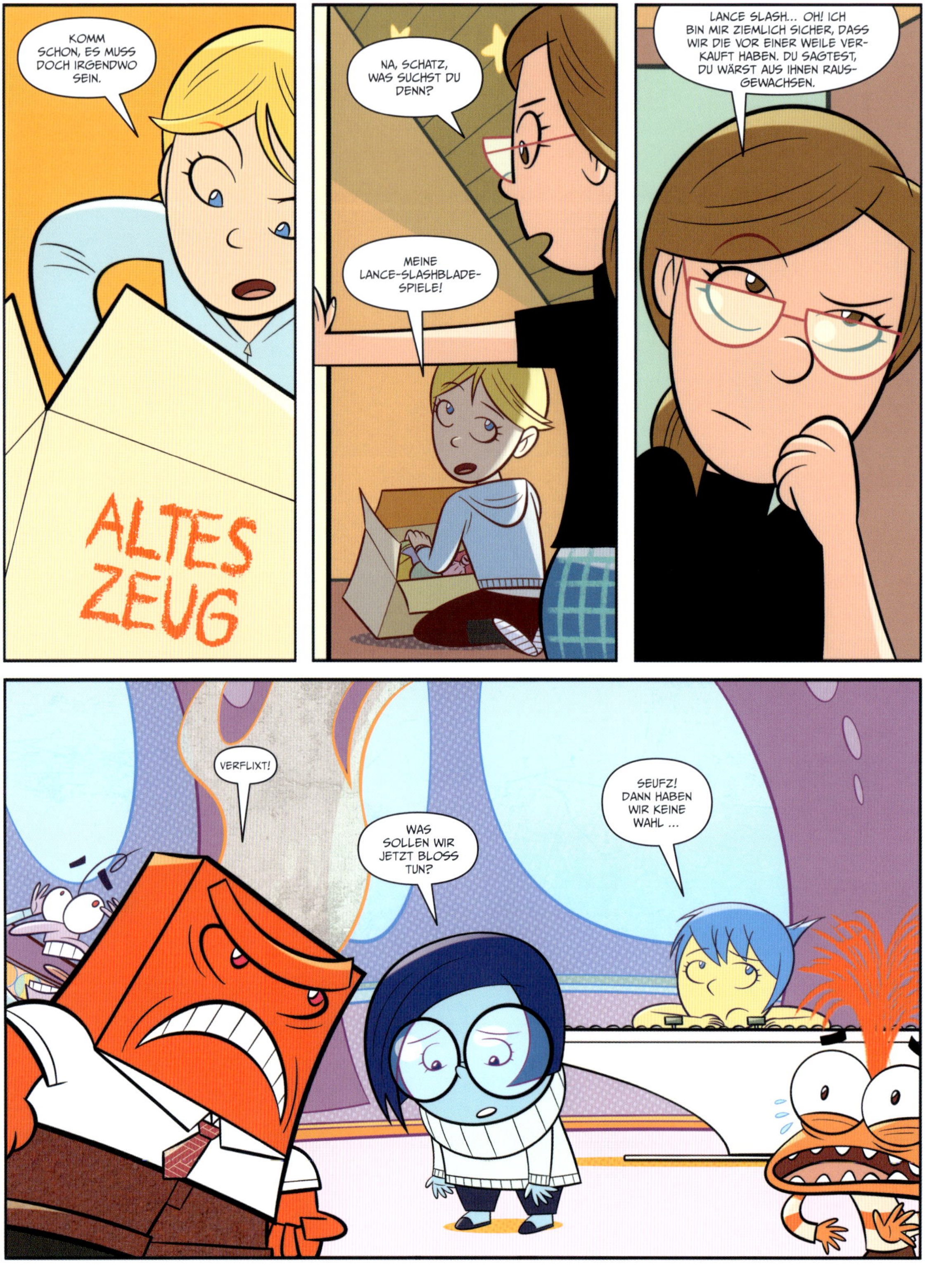

VERFLIXT!

WAS SOLLEN WIR JETZT BLOSS TUN?

SEUFZ! DANN HABEN WIR KEINE WAHL …

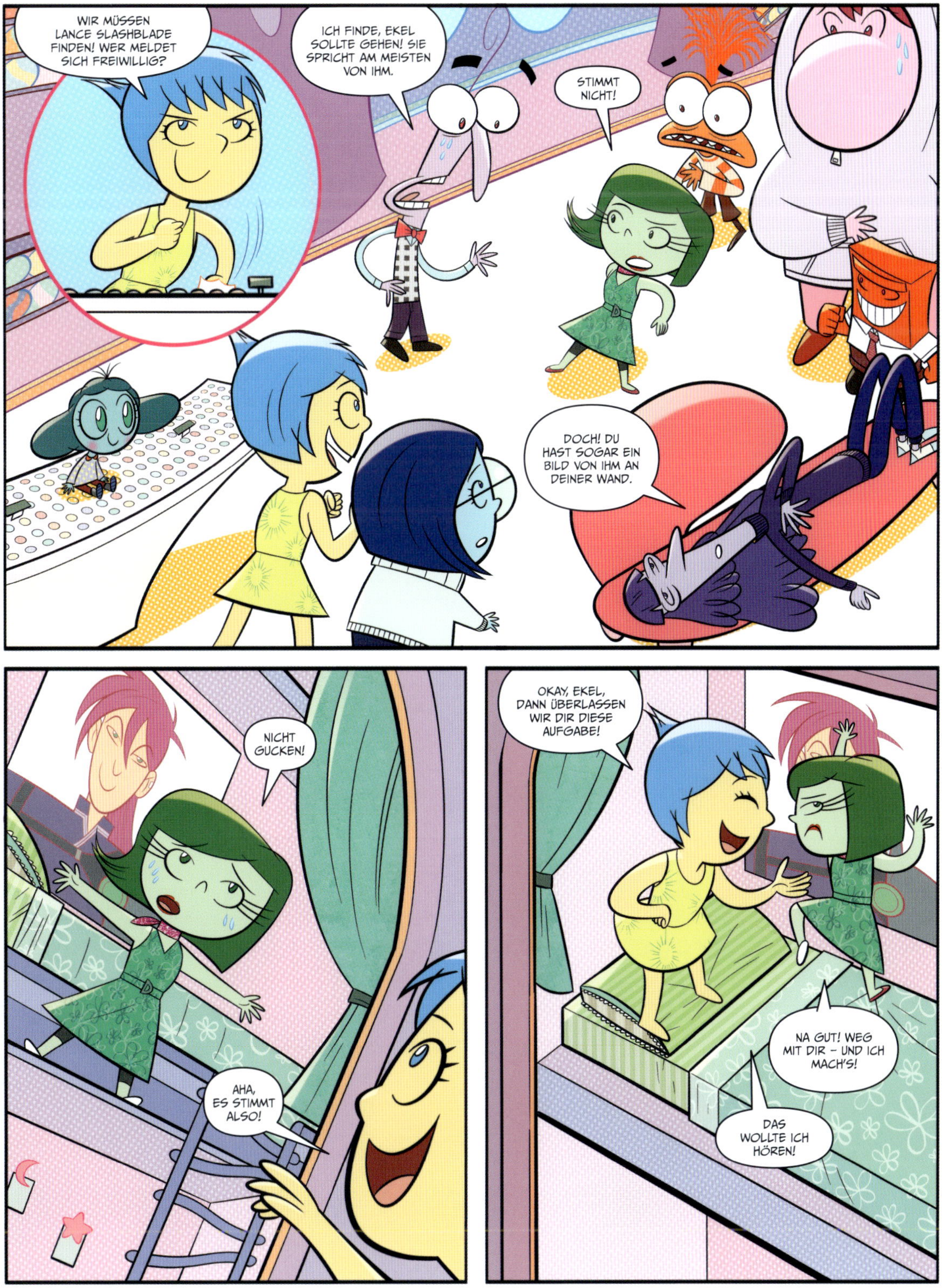

WIR MÜSSEN LANCE SLASHBLADE FINDEN! WER MELDET SICH FREIWILLIG?
ICH FINDE, EKEL SOLLTE GEHEN! SIE SPRICHT AM MEISTEN VON IHM.
STIMMT NICHT!
DOCH! DU HAST SOGAR EIN BILD VON IHM AN DEINER WAND.

HAST DU LANCE SLASHBLADE GESEHEN?
WEN?

TRESOR
HAST DU LANCE SLASHBLADE GESEHEN?
NÖ! NICHT, SEIT ER HIER SO KOMISCH RAUS-GEROLLT IST.

HAST DU LANCE SLASHBLADE GESEHEN?
ENTSCHULDIGUNG! WIR VERSUCHEN, DIESEN NEUEN SELBSTWAHRNEH-MUNGSTUNNEL ZU INSTALLIEREN.

ARGH.
HALLÖCHEN! SAGTEST DU, DU SUCHST LANCE SLASHBLADE?

JA! WEISST DU, WO ER STECKT?
JA! ER HAT DRAUSSEN BEIM SARKAS-MUS TRAINIERT.

TRAINIERT?
KLARO! DAS TRAINING EINES KÄMPFERS ENDET NIE!

STIMMT. DANKE FÜR DEN TIPP.

WAS IST DENN HIER LOS?
JUCHHU!
WEITER SO, LANCE SLASH-BLADE!
WOW! SEHT EUCH DAS AN!
LANCE IST DER HAM-MER!
HEY DU, STÖR IHN NICHT BEIM TRAINING!
LANCE! KOMM MAL HER!
GENAU!

LANCE SLASHBLADE! RILEY BRAUCHT DICH!
EKEL?

IMMER NOCH SO COOL WIE EH UND JE. SAG, WAS GENAU MACHST DU HIER EIGENTLICH, LANCE? UND WARUM KÖNNEN WIR KEINE ERINNERUNGEN VON DIR MEHR FINDEN?

ALSO WEISST DU, ICH HABE MICH AUF EINE LANGE REISE BEGEBEN, UM DIESE ERINNERUNGEN EINZUSAMMELN.
ICH BEHALTE SIE ALS ANDENKEN AN MEINE ZEIT MIT RILEY. SIE SIND ALLES, WAS SIE MIR HINTERLASSEN HAT.
SIE SIND ALLES, WAS ICH HABE.
SIE SIND ALLES, WAS ER HAT.
ER IST ZU GUT AUSSEHEND, UM SO TRAURIG ZU SEIN!

DAS STIMMT NICHT. RILEY MAG DICH IMMER NOCH UND SIE BRAUCHT DIESE ERINNERUNGEN, SOFORT!
WOFÜR? DAMIT SIE SIE INS LÄCHERLICHE ZIEHEN KANN?

NEIN. DEIN SPIEL WIRD NEU AUFGELEGT. SIE BESUCHT EINE FREUNDIN, UM ES ZU SPIELEN.

EINE ... NEUAUFLAGE? SIE WILL WIEDER MIT MIR SPIELEN?

BIST DU ... SICHER, DASS SIE MICH NOCH MAG?

JA, GANZ SICHER! UND WENN DU MIR HILFST, DIESE ERINNERUNGEN ZURÜCKZUBRINGEN, VERHILFST DU RILEY ZU EINER NEUEN FREUNDIN.

DU KANNST DICH DARAUF VERLASSEN, DASS ICH FÜR RILEY IN IHRER NOTLAGE UND FÜR DICH DA SEIN WERDE!
OKAY, OKAY! KOMM WIEDER RUNTER!
HACH!

WIR MÜSSEN DIESE ERINNERUNGS-KUGELN WIEDER AN IHREN RICHTIGEN PLATZ IM LANGZEITGEDÄCHT-NIS BRINGEN, ABER …
DAS WIRD EWIG DAUERN!

DAS IST MIR KLAR! UND WIR HABEN KEINE ZEIT, SIE DEN GANZEN WEG ZUM HAUPTQUARTIER ZU TRAGEN. ARGH!

ICH DENKE, ICH WESS, WAS ZU TUN IST.
ACH JA?

SUPER...
ULTRA ...
... SPECTRAL ...

... SLICE!

WHOOOSH
BONK
AUA!
PLINK

HEY, WER SCHMEISST DENN DA MIT ERINNERUNGEN UM SICH?
DAS WAR LANCE!

DU HAST ES GE-SCHAFFT!
NUR WEIL MICH EINE KLUGE FREUNDIN DAZU ERMUTIGT HAT.

KOMM MIT MIR INS HAUPTQUARTIER. DIE EMO-TIONEN WERDEN SICH FREUEN, DICH ZU SEHEN, UND WIR KÖN-NEN ALLE ZUSEHEN, WIE RILEY EINE NEUE FREUNDSCHAFT SCHLIESST.

ES ... ES WÄRE MIR EINE EHRE.

RRRING
RILEY! DU BIST GEKOM-MEN!
NA KLAR!
MICH DÜRSTET DANACH, EINE HELDIN ZU SEIN …
… ABER DIE FINSTER-NIS VERFOLGT MEINE VERGANGENHEIT!
DAS IST UNSER MÄDCHEN!

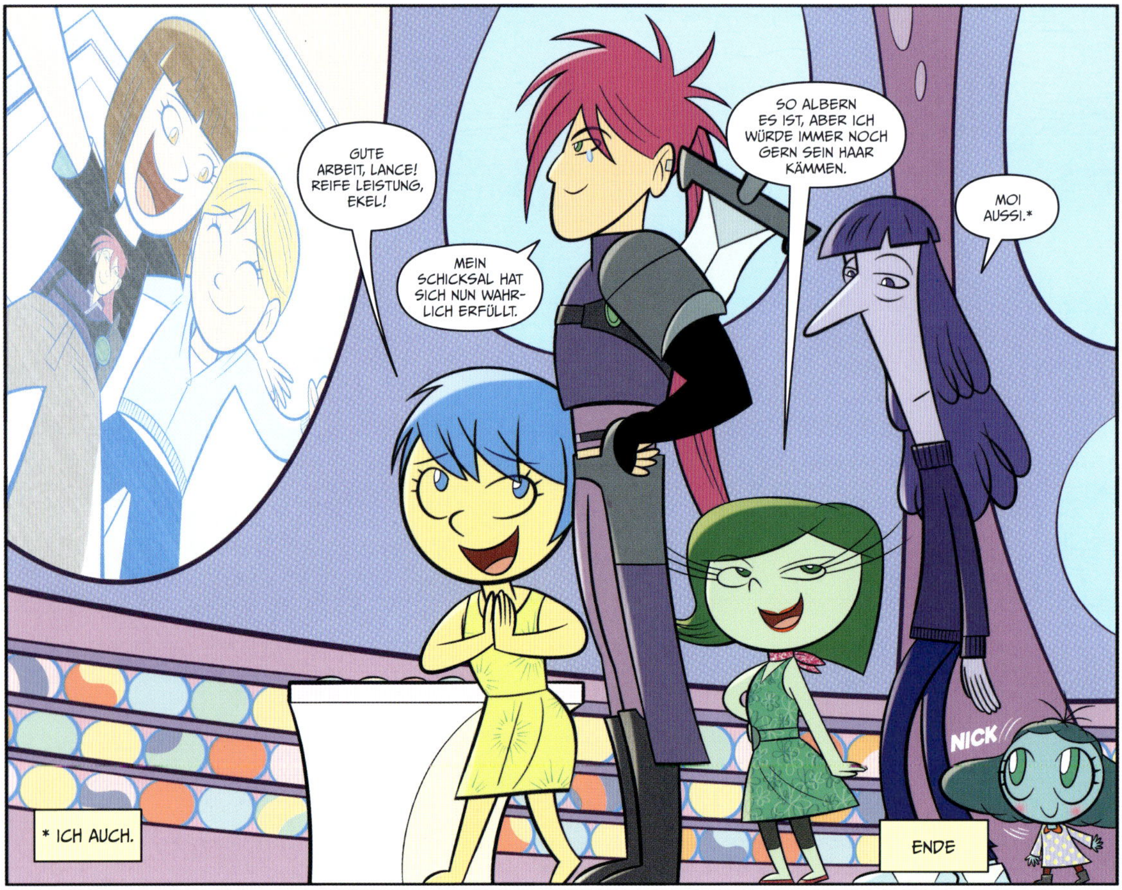

GUTE ARBEIT, LANCE! REIFE LEISTUNG, EKEL!

MEIN SCHICKSAL HAT SICH NUN WAHRLICH ERFÜLLT.

SO ALBERN ES IST, ABER ICH WÜRDE IMMER NOCH GERN SEIN HAAR KÄMMEN.

MOI AUSSI.*

NICK

* ICH AUCH.

ENDE

PERFEKT
UNPERFEKT
RILEY! FRÜHSTÜCK IST FERTIG!

GUTEN MORGEN ZUSAMMEN!
MORGEN.
GUTEN MORGEN.
WAS SOLL GUT DARAN SEIN?

GÄHN!

HUCH?!

DAS WIRD ALLES RUINIEREN.
DAS KANN DOCH NICHT WAHR SEIN! AUSGERECHNET HEUTE!
DAS IST DOCH NICHT SCHLIMM. ES IST NUR EIN KLEINER PICKEL. WIR HATTEN SCHON MAL WELCHE.
OH NEIN. WIE SEH ICH DENN AUS?! MORGEN WERDEN DIE SCHULFOTOS GEMACHT!
ALLE WERDEN UNSERE PICKEL FÜR ALLE EWIGKEIT SEHEN KÖNNEN!
WIR MÜSSEN ETWAS DAGEGEN UNTERNEHMEN!
VIELLEICHT KÖNNTEN WIR SIE EINFACH AUSDRÜCKEN?
IST DAS DEIN ERNST? DAS MACHT ES NUR NOCH SCHLIMMER!
IST JA GUT. KEIN AUSDRÜCKEN!

HEY, RILEY, DEIN FRÜHSTÜCK WIRD KALT …
MOM! SIEH DIR DAS AN!

ACH, LIEBES, DU WIRST WIRKLICH ERWACHSEN, NICHT WAHR?
WAS … NEIN! ICH MUSS DIESE SCHRECKLICHEN DINGER LOSWERDEN, BEVOR DIE FOTOS MORGEN GEMACHT WERDEN!

PASST AUF, MOM WIRD WISSEN, WAS ZU TUN IST!

TJA, DAS BLEIBT LEIDER NICHT AUS. DAS IST NUN MAL SO IN DER PUBERTÄT, MEIN SCHATZ.

WIR WERDEN DAS HÄSSLICHSTE SCHULFOTO HABEN UND ALLE WERDEN UNS AUSLACHEN!
WAS MOM SAGT, KANN NICHT STIMMEN. ES MUSS DOCH ETWAS GEBEN, DAS WIR TUN KÖNNEN!

ICH HAB'S. WIR BRAUCHEN NUR EIN PAAR HAUTPFLEGE-PRODUKTE.
NA GUT, LASS UNS FRAGEN!

ICH WEISS, WAS ICH BRAUCHE! HAUTPFLEGE-ZEUG.
ABER DU HAST DOCH SEIFE HIER ...
BITTE, BITTE!

ALSO GUT. SIEH MICH NICHT MIT DIESEM DACKELBLICK AN. MACH DICH FERTIG.
DANKE, DANKE, DANKE!

APOTHEKE
NA, MÖCHTEST DU, DASS ICH MIT REINKOMME?
NEIN, NEIN! WARTE EINFACH HIER.
OKAY, SCHATZ. SAG BESCHEID, WENN DU HILFE BRAUCHST.

WIR MÜSSEN REIN UND RAUS, OHNE DASS UNS JEMAND SIEHT!
BRAUCHEN WIR WIRKLICH DEN KAPUZENPULLI UND DIE SONNEN...
JA!

HAUTPFLEGE

DA IST ES!
GUT. DAS SOLLTE EIN-FACH SEIN.

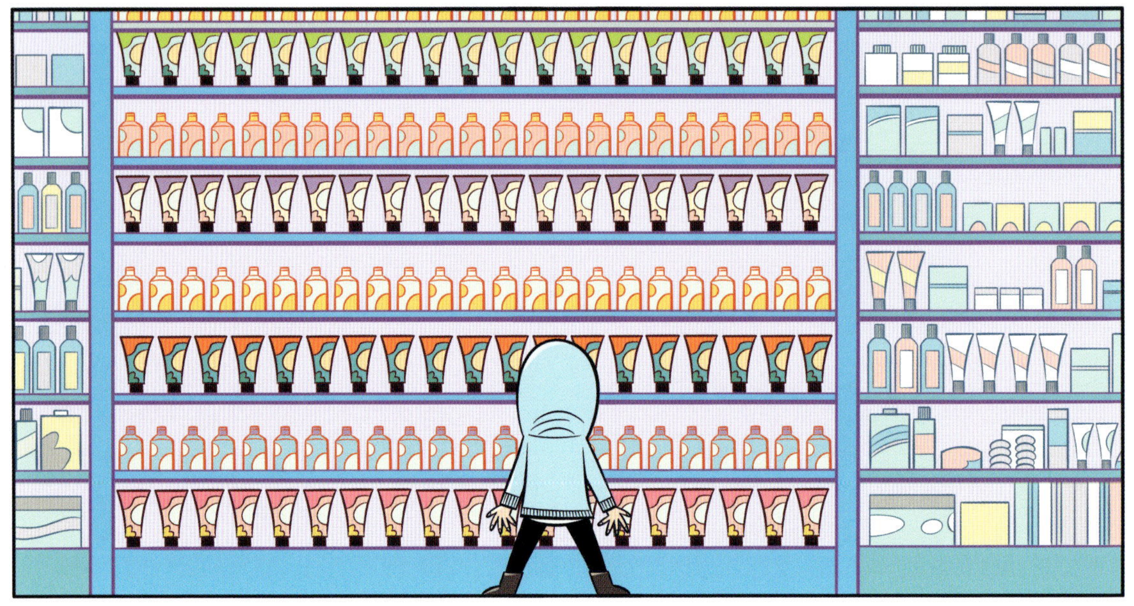

ALSO, WIR BRAUCHEN EIN SERUM, EIN PEELING, EIN GESICHTSWASSER, EINE MASKE, EINE REINIGUNGSLOTION FÜR DEN TAG UND EINE FÜR DIE NACHT …
BRAUCHEN WIR DAS ALLES WIRKLICH?
EINS DAVON MUSS HELFEN.
SO, DAS MACHT 105,79 DOLLAR.
$105.79
WAS?!
$105.79

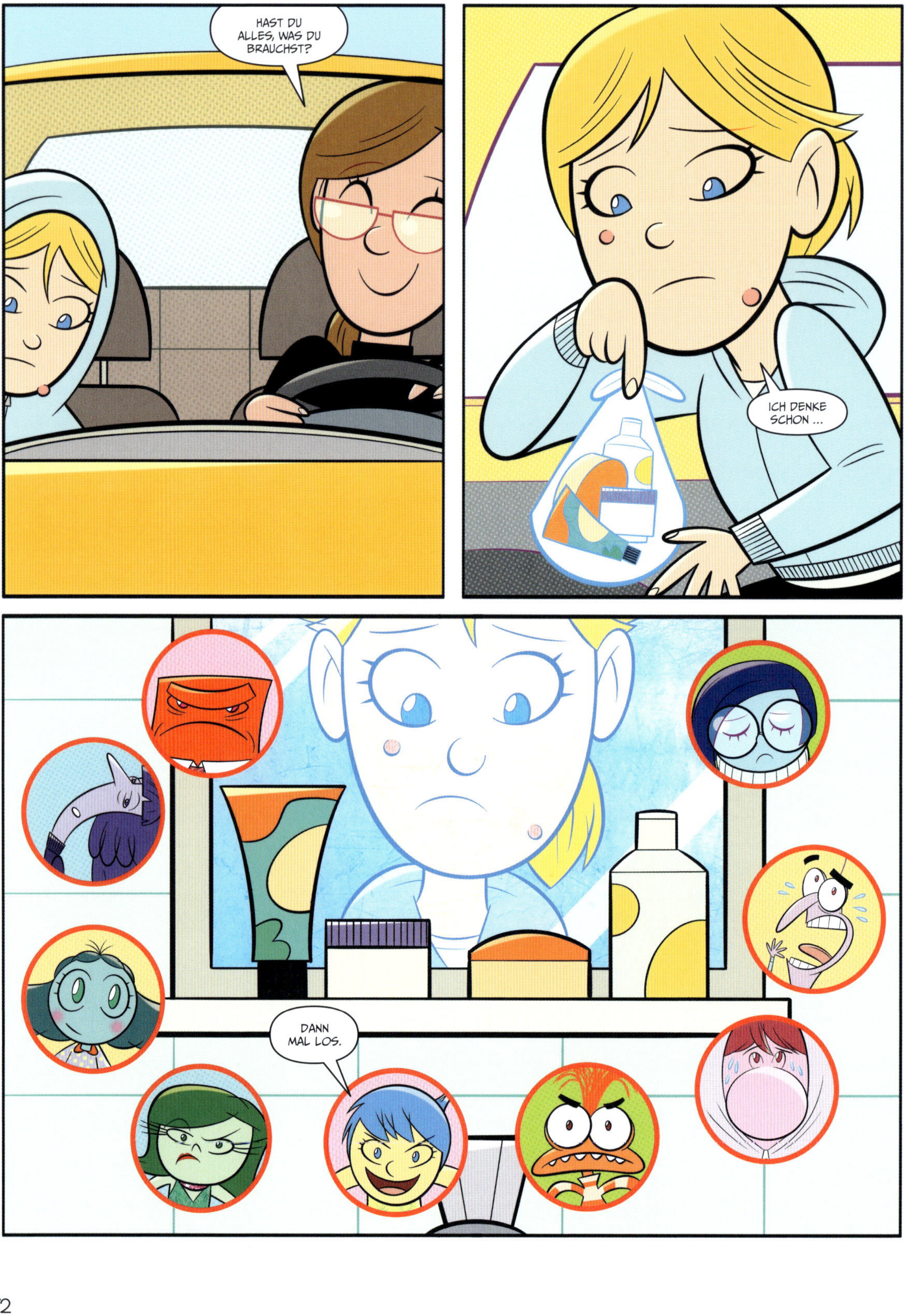

DANN MAL LOS.

AUFGEPASST, PICKEL! JETZT SEID IHR DRAN!

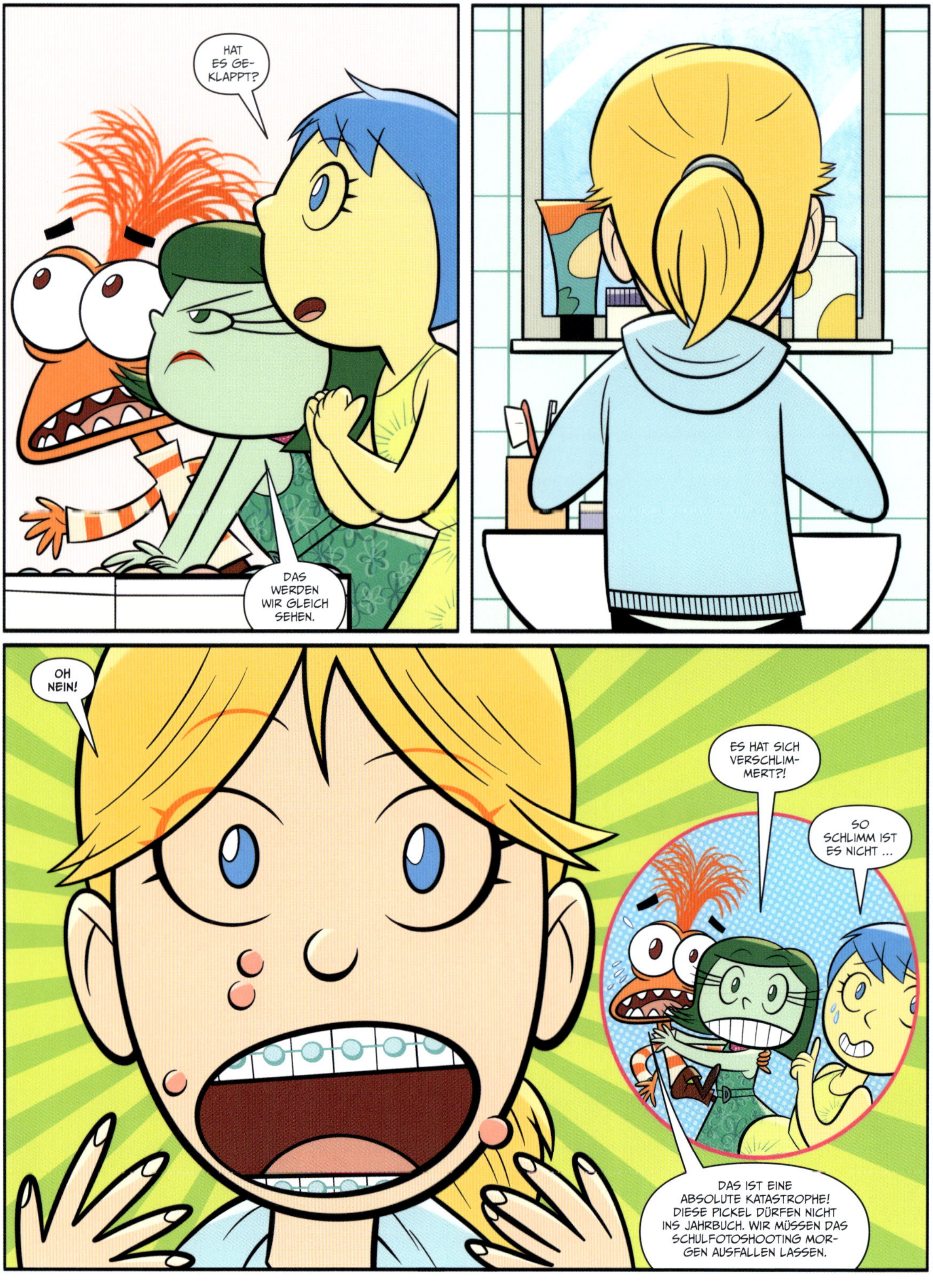

OH NEIN!

ES HAT SICH VERSCHLIM-MERT?!

SO SCHLIMM IST ES NICHT ...

DAS IST EINE ABSOLUTE KATASTROPHE! DIESE PICKEL DÜRFEN NICHT INS JAHRBUCH. WIR MÜSSEN DAS SCHULFOTOSHOOTING MOR-GEN AUSFALLEN LASSEN.

WIE LÄUFT ES HIER DRIN?
NICHT GUT. ES HAT GAR NICHTS GEBRACHT, UND JETZT JUCKT ES MICH ÜBERALL.

WIE WÄR'S, WENN DU ES MIT MEINEM MAKE-UP PROBIERST?

MAKE-UP! ABER NATÜRLICH!
MIT ETWAS SCHMINKE KANN ICH DAS DEFINITIV HINBEKOMMEN.

ZUERST MÜSSEN WIR DIE GRUNDIERUNG AUFTRAGEN UND VERTEILEN ...
OH, UND DAS ROUGE NICHT VERGESSEN! PFIRSICH IST GERADE TOTAL ANGESAGT!

SO, DAS MÜSSTE REICHEN, DENKE ICH.

MAL SEHEN, WIE UNSER MÄDCHEN AUSSIEHT!

OJE, DAS HAT AUCH NICHTS GEBRACHT! WAS SOLL ICH NUR TUN?

OH NEIN! DAS GEHT GAR NICHT!

WIR HABEN UNS DIESE GANZEN MAKE-UP-TUTORIALS ALSO UMSONST ANGESEHEN!

DAS WIRD SCHON! IST ES NICHT TROTZDEM GUT, ETWAS NEUES AUSZUPROBIEREN, AUCH WENN ES NICHT SO KLAPPT, WIE MAN ES SICH WÜNSCHT?

WIR MÜSSEN EINE LÖSUNG FINDEN! IRGENDWELCHE IDEEN, ZWEIFEL?
ALLEN BERECHNUNGEN ZUFOLGE IST UNSER LEBEN FÜR MINDESTENS DIE NÄCHSTEN DREI BIS VIER JAHRE RUINIERT!
HÖRT MAL, MOM HAT DOCH GESAGT, ES WÄRE NUR DIE PUBERTÄT. VIELLEICHT MUSS DAS SO …

PUBERTÄT.
DIE BAUSTELLE DER PUBERTÄT! WIR MÜSSEN DIE PUBERTÄT STOPPEN!
VERZEIHUNG, LEUTE, ABER WIR KÖNNEN DIE PUBERTÄT NICHT AUFHALTEN. DAS IST UNMÖGLICH. DAS TUN KÖRPER NUN MAL!

WIR MÜSSEN DIE PUBERTÄT STOPPEN!
ZUMIN-DEST FÜR HEUTE.
EKEL, ZWEIFEL, WARTET!

HEY, HÖRT AUF DAMIT! DIE BRAUCHEN WIR!

WIR MÜSSEN DIE PUBERTÄT STOPPEN!
EKEL, ZWEIFEL, BITTE! KRIEGT EUCH WIEDER EIN! ICH WEISS, ES IST NICHT IDEAL, ABER ...
NICHT IDEAL? WIR WERDEN DIE LACHNUMMER DER SCHULE SEIN!

NIEMAND IST PERFEKT, ABER WIR MÜSSEN VERSUCHEN, UNS AUCH DANN WOHLZU-FÜHLEN, WENN ES UNS SCHLECHT GEHT.
ABER DAS IST SO SCHWER ...
DAS LIEGT WOHL DARAN, DASS ES ZEIT BRAUCHT, SELBSTBEWUSSTER ZU WERDEN.
DAS IST ETWAS, DAS MAN JEDEN TAG NACH UND NACH AUFBAUT. DAS GEHT NICHT VON HEUTE AUF MORGEN.
ICH KÖNNTE VERMUTLICH ETWAS MEHR GEDULD MIT DER PUBERTÄT HABEN.
OB WIR UNS NUN SCHLECHT FÜHLEN ODER NICHT, DIE PICKEL WERDEN SO ODER SO DA SEIN, SCHÄTZE ICH.
JA, GENAU! WARUM VER-SUCHEN WIR ALSO NICHT, UNS HEUTE EIN BISSCHEN BESSER ZU FÜHLEN UND UNS NICHT SO SEHR DARAUF ZU KONZEN-TRIEREN, WAS ANDERE LEUTE DENKEN KÖNNTEN?

DAS IST JA ALLES SCHÖN UND GUT, ABER WER HILFT UNS BEIM AUFRÄUMEN, HM?
UPS, STIMMT!
ENTSCHUL-DIGUNG.

RILEY IST MEHR ALS DIESE BLÖDEN PICKEL. SEHT EUCH DIE TOLLEN SACHEN AN, DIE WIR ERLEBT HABEN! UND ALLE, DIE UNS LIEBEN! DAS KANN RILEY NUTZEN, UM JEDEN TAG ETWAS SELBSTBEWUSSTER ZU WERDEN!

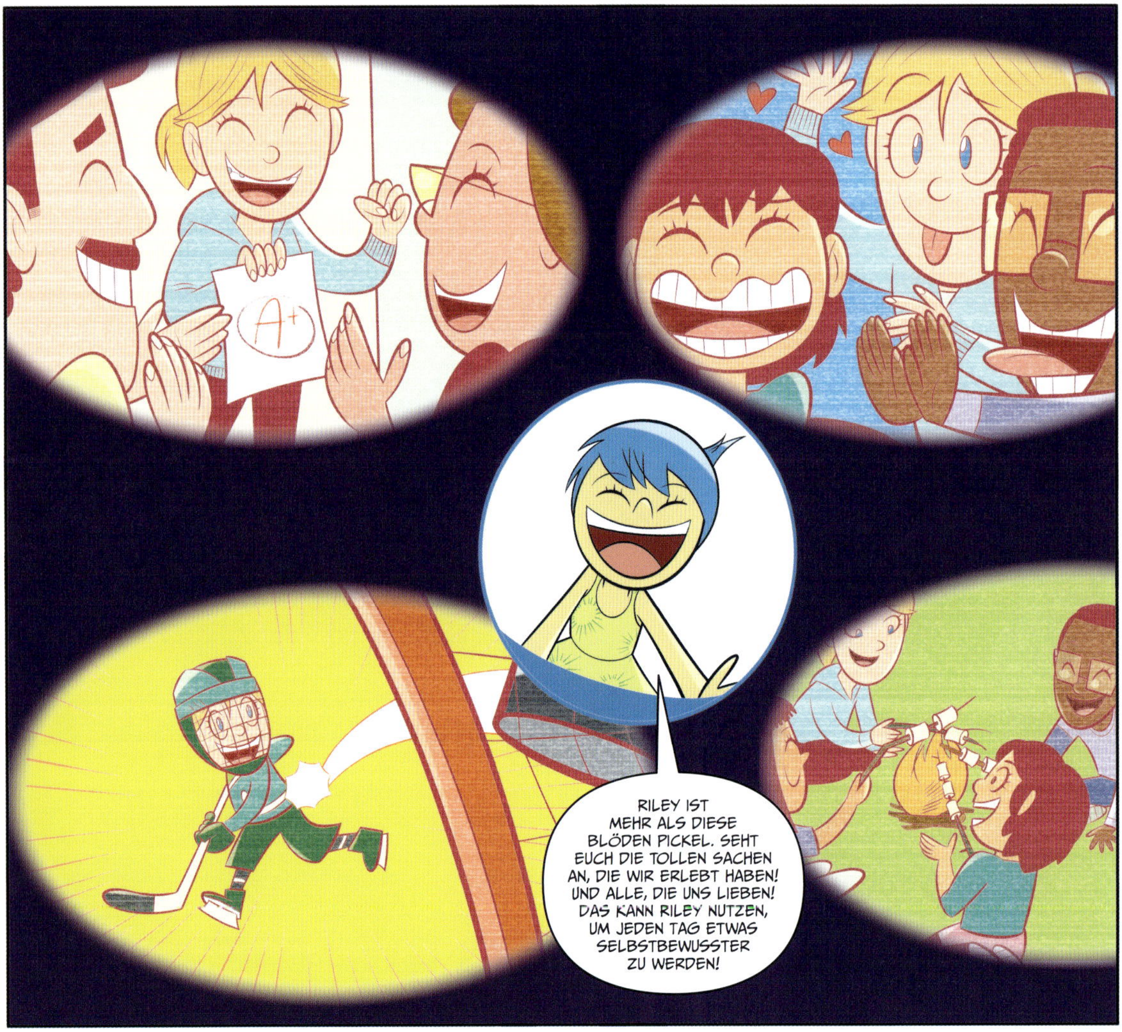

DU HAST RECHT ...
VIELLEICHT GIBT ES EINE MÖGLICHKEIT, UNSERE NEUEN PICKEL ... IN ETWAS ZU VERWANDELN, DAS RILEY EIN WENIG MEHR SELBSTBE-WUSSTSEIN GIBT?
ICH HABE DA EINE IDEE!

SIEHT ZIEMLICH COOL AUS, ODER?
KLASSE IDEE, NEID!
ALLERDINGS. DIESES SELBSTBEWUSSTSEIN STEHT UNS HERVORRAGEND.
ENDE

NEUE ABENTEUER VON ...

Szenario: Sloane Leong
Zeichnungen: Sergio Algozzino
Farben: Sergio Algozzino und Sara Galanti
Originallettering und Design: Chris Dickey
Coverentwurf: Gaia Daverio
Ein spezieller Dank geht an: Scott Tilley

Wir produzieren nachhaltig
- Klimaneutrales Produkt
- Papiere aus nachhaltigen und kontrollierten Quellen
- Hergestellt in Europa

Die deutsche Ausgabe erscheint bei:
Carlsen Verlag GmbH, Völckersstr. 14–20, 22765 Hamburg
Originaltitel: The new Adventures of... Inside Out 2
Übersetzung ins Deutsche: Stefanie Walther-Kotzé
Textlektorat: Beatrice Tavares
Redaktion: Ralf Keiser
Produktionsmanagement: Britta Stukenborg
ISBN 978-3-551-80524-9

Deine liebsten Disney-Filme als Comics

Bisher erschienen:

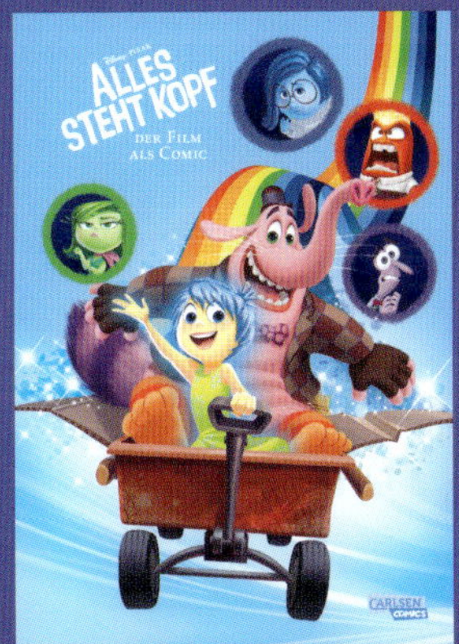

Alles steht Kopf
978-3-551-80268-2

Alles steht Kopf 2
978-3-551-80424-2

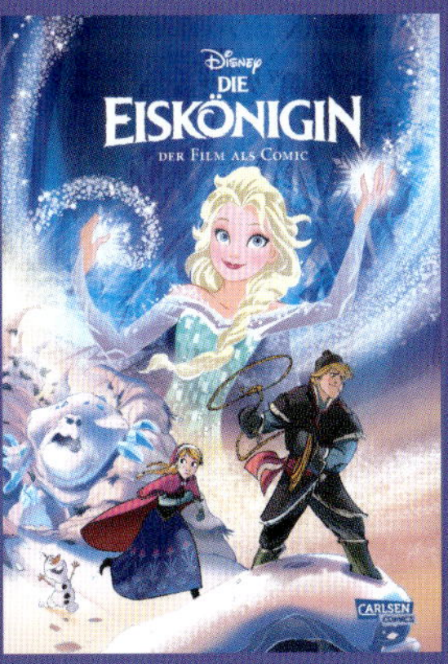

Die Eiskönigin
978-3-551-80269-9

Encanto
978-3-551-80270-5

Wish
978-3-551-80271-2

Vaiana
978-3-551-80425-9